Autos de carreras

Los sprint cars

por Bizzy Harris

Bullfrog
en español

Ideas para padres y maestros

Bullfrog Books permite a los niños practicar la lectura de textos informativos desde el nivel principiante. Las repeticiones, palabras conocidas y descripciones en las imágenes ayudan a los lectores principiantes.

Antes de leer

- Hablen acerca de las fotografías. ¿Qué representan para ellos?
- Consulten juntos el glosario de las fotografías. Lean las palabras y hablen de ellas.

Durante la lectura

- Hojeen el libro y observen las fotografías. Deje que el niño haga preguntas. Muestre las descripciones en las imágenes.
- Léale el libro al niño o deje que él o ella lo lea independientemente.

Después de leer

- Anime al niño para que piense más. Pregúntele: Los sprint cars pueden ser peligrosos. ¿Te gustaría manejar uno? ¿Por qué sí o por qué no?

Bullfrog Books are published by Jump!
5357 Penn Avenue South
Minneapolis, MN 55419
www.jumplibrary.com

Library of Congress Cataloging-in-Publication Data

Names: Harris, Bizzy, author.
Title: Los sprint cars / por Bizzy Harris.
Other titles: Sprint cars. Spanish
Description: Minneapolis, MN: Jump!, Inc., [2023]
Series: Autos de carreras
Translation of: Sprint cars. | Audience: Ages 5–8.
Identifiers: LCCN 2021061335 (print)
LCCN 2021061336 (ebook)
ISBN 9781636909721 (hardcover)
ISBN 9781636909738 (paperback)
ISBN 9781636909745 (ebook)
Subjects: LCSH: Sprint cars—Juvenile literature.
Classification: LCC TL236.27 .H3718 2023 (print)
LCC TL236.27 (ebook)
DDC 629.228—dc23/eng/20220113

Editor: Eliza Leahy
Designer: Emma Bersie
Translator: Annette Granat

Photo Credits: john j. klaiber jr/Shutterstock, cover, 1, 3, 16–17, 22; Cal Sport Media/Alamy, 4, 10–11, 14, 20–21, 23tl, 23tr; Grindstone Media Group/Shutterstock, 5, 23br; Icon Sportswire/AP Images, 6–7; Bruce Alan Bennett/Shutterstock, 8, 15, 23bl; Ljupco Smokovski/Shutterstock, 9; WorldFoto/Alamy, 12–13; Rick Rea/Dreamstime, 18–19; dilemmadesigns/Shutterstock, 24.

Printed in the United States of America at Corporate Graphics in North Mankato, Minnesota.

Tabla de contenido

Alerones grandes

Estos sprint cars van a competir.

Ellos van a competir en una pista. La pista está hecha de tierra.

FVP
BATTERIES
CHEMICALS
OILS
FILTERS
and more
pepsi MAX
Great Clips
RUDEEN
RAZORBACK
CASEY'S
GENERAL STORE

La carrera empieza.

Los autos dan vueltas.

Los conductores
se sientan en cabinas.

Ellos usan cascos.

Ellos también usan overoles.

alerón
alerón

Este carro tiene dos grandes alerones.

Ellos ayudan al carro a mantenerse estable.

Pero los autos pueden chocar de cualquier forma.

Turning Point
Machine
96
96

La jaula de seguridad está hecha de fuertes barras.

Este carro se vuelca.

La jaula choca contra la pista.

El conductor está a salvo.

Este es un midget sprint car.

Es pequeño.

No tiene alerones.

LOYET
Brad
LOYET
CREW CHIEF
LANCE
McKINNEY
USAC
Hoosier
ed pink
THE
OUTDOOR
CHANNEL

RED PEPPER
GRAND FORKS, ND
GRAHAM
AATRIX
Hoosier

Este es un outlaw kart.

¡Hace una curva cerrada!

Las llantas de los sprint cars se agarran bien a la pista.

Ellas les ayudan a los autos a girar rápido.

¡Zum!

llanta
MARKS
M&M
PAINTING & CONSTRUCTION
SAN ANTONIO, TEXAS
19
FREDERICKSBURG
EAGLE HOTEL
BAPS

Las partes de un sprint car

Los sprint cars pueden viajar a 140 millas (225 kilómetros) por hora. ¡Échales un vistazo a sus partes!

Glosario de fotografías

estable
Fijo y que no se puede mover fácilmente.

se agarran
Mantienen un control fijo sobre algo.

se vuelca
Se da vuelta rápidamente.

vueltas
Viajes completos alrededor de algo, como una pista.

Índice

Para aprender más

FACT SURFER

Aprender más es tan fácil como contar de 1 a 3.

1. Visita www.factsurfer.com
2. Escribe “losssprintcars” en la caja de búsqueda.
3. Elige tu libro para ver una lista de sitios web.